DERECHO NATURAL ANTIGUO Y MEDIEVAL

DERECHO NATURAL ANTIGUO Y MEDIEVAL

YEZID CARRILLO

Grupo de investigación en Teoría jurídica y derechos
fundamentales "phrónesis".
Grupo de Investigación en Filosofía del derecho y derecho
internacional

CENTRO DE ESTUDIOS INTERNACIONALES DE CIENCIAS
JURÍDICAS Y FILOSOFÍA DEL DERECHO

Derecho natural antiguo y medieval
Autor: Yezid Carrillo De la rosa
Orcid: 0000-0001-5362-3752
ISBN: 979-864-8847-70-5
Primera edición: 2018

Edición
Centro de Estudios Internacionales de Ciencias Jurídicas y Filosofía del Derecho.
Centro, Edificio Julio Barbur, oficina 202
Cartagena-Colombia

TABLA DE CONTENIDO

INTRODUCCIÓN

El primer problema de la filosofía del derecho, fue el del derecho natural. Esta cuestión constituyó el eje de todas las discusiones filosóficas desde la antigüedad hasta el siglo XVIII. Este trabajo sólo indaga por el concepto de derecho natural en la en la antigüedad greco-latina y el mundo teológico- medieval.

Como se verá a continuación, estas reflexiones filosóficas estuvieron mediadas por las discusiones y apreciaciones sobre la justicia, la virtud, el valor de la ley, el concepto de naturaleza, el papel de la razón y la posibilidad de hallar un derecho superior y universal que se convirtiera en paradigma de las pautas de conducta que debían ser observada en una comunidad para que se considerara una sociedad justa.

El lector tiene en sus manos un breve ensayo sobre los aspectos históricos y filosóficos de la idea del derecho natural, tal y como se desarrolló en el período histórico al que se ha hecho referencia. Se trata de un trabajo de tipo didáctico y académico, que busca orientar a quien desee explorar el origen y desarrollo de las ideas sobre el derecho natural que se produjeron en aquella época.

El trabajo está dividido en cinco capítulos, cada uno marca un momento específico en el desenvolvimiento de la idea de un derecho natural. El primero está dedicado a la idea de themis y dyké en la que por primera vez se relaciona la idea de justicia y ley positiva desde diversas perspectivas. El segundo registra la disputa sofístico-socrática en la que se pone de presente la misma cuestión, pero desde una perspectiva diferente: como derecho de la naturaleza, derivado de la physis, en oposición a un derecho convencional o histórico derivado de los nomos. El tercer capítulo aborda la concepción de la justicia en Platón y Aristóteles, especialmente la teoría de este último quien con claridad distingue entre la justicia política natural y la justicia política legal. El cuarto capítulo, analiza el desarrollo del pensamiento estoico acerca de una naturaleza racional y divina, a la cual debe subordinarse las leyes humanas, la cual constituirá el punto de partida del pensamiento medieval, desarrollado en el capítulo quinto, cuyas figuras emblemáticas serán San Agustín partidario del voluntarismo y Santo Tomás, partidario del intelectualismo.

Comete un gran error quien piense que se trata de tesis y argumentos que no tienen actualidad en el pensamiento jurídico, ético o político. En efecto, quizás como teoría, las concepciones sobre la naturaleza, la ley, la justicia y el derecho que, en su momento, los autores que a continuación se estudian defendieron, no sirvan para llevar a cabo una defensa de los derechos actuales, sin embargo, el conjunto de tesis y argumentos que fueran desarrolladas por estos sistemas filosóficos, cobran vigencia cuando son reconstruidos y adaptados a las realidades presentes cuando se busca con ellos justificar la moralidad o la justicia de las decisiones políticas, legales o judiciales en el marco de lo que se denomina hoy el Estado constitucional y democrático de derecho.

I. THEMIS (LEY) Y DYKÉ (JUSTICIA) EN EL PENSAMIENTO MÍTICO Y PRESOCRÁTICO

El escenario de las discusiones sobre la ley, la justicia y la naturaleza en la antigüedad griega fue la *polis*, que representó para la cultura clásica un principio ordenador de todas las actividades espirituales, creativas y prácticas de la vida individual y social (Jaeger, 1994, págs. 86-7). De ella, según Platón, hay dos formas esenciales, que acaso encarnarían las expresiones más significativas de la cultura política de entonces: el estado espartano y estado jónico.

Del estado espartano se tiene la información que transmiten los escritos de Tirteo, Jenofonte, Aristóteles y Platón, fundamentalmente, quienes trasmiten una imagen guerrera y militarista de la comunidad espartana, de un pueblo que vivía en constante campamento militar y cuya virtud más alta era el amor a su ciudad; virtud que se materializaba en la disposición del héroe a morir por su patria (Jaeger, 1994, pág. 97). Del estado jónico se sabe que incidió de manera decisiva en el desarrollo de la conciencia ética, política y jurídica del hombre griego, y constituye un estadio inicial en el proceso de formación del estado jurídico ático (Jaeger, 1994, pág. 103). En los siglos VIII al VI a. c. en Jonia se llevó a cabo decisivas contribuciones al arte y la literatura griega, y en particular al pensamiento, que permitió el surgimiento de una nueva forma de estar en la *polis*, en donde aparece la crítica como un elemento primordial de la filosofía y la poesía, y dentro de ésta, la valoración por el derecho como sinónimo de justicia.

> "Pero la serie de testimonios que ensalzan la justicia como fundamento de la sociedad humana, se extiende en la literatura jonia, desde los tiempos primitivos de la epopeya a través de Arquíloco y Anaximandro, Hasta Heráclito. Esta alta estimación del derecho por los poetas y los filósofos no precede a la realidad tal y como es posible pensarla. Es, por el contrario, tan sólo el reflejo de la importancia fundamental que debieron de tener aquellos estímulos en la vida pública de aquellos tiempos..." (Jaeger, 1994, pág. 105)

DERECHO NATURAL ANTIGUO Y MEDIEVAL

1. Themis y dyké

Las primeras ideas sobre el derecho y la ley, que se remontan al período mítico y poético de antes del siglo VI a. c., y estuvieron asociadas a la idea de lo justo. Homero, en varios pasajes de sus obras épicas, alude al tema señalando, por ejemplo, que Zeus desencadena su ira cuando los hombres decretan leyes injustas (Ilíada) o que los cíclopes son salvajes porque no tienen leyes (odisea); Homero, además, revela cual fue la primera concepción que tuvieron los griegos sobre la ley, la cual asimilaron a themis, que aludía a un dictamen, a un precepto de carácter sagrado, revelado por los dioses a los reyes y a la clase dominante por medio de sueños y oráculos, que podía ser trasmitido familiarmente. (Fasso, 1982, pág. 20). Según él, Zeus regala a los reyes el cetro y Themis, el poder y el derecho.

> "Themis es el compendio de la alteza caballeresca de los primitivos reyes y señores nobles. Etimológicamente significa 'ley'. Los caballeros de los tiempos patriarcales decían el derecho de acuerdo con la ley proveniente de Zeus, cuyas normas creaban libremente según la tradición del derecho consuetudinario y su propio entender y saber." (Jaeger, 1994, pág. 106)

Hasta entonces, toda manifestación del derecho estaba en manos de los nobles que administraban justicia conforme a la tradición o la themis, sin referencia alguna a regla o ley escrita. No obstante, cuando la economía se transformó de guerrera y pastoral a pacífica y agrícola y se experimentó por los ciudadanos libres, ajenos a la nobleza, el abuso político de la magistratura, se exigió la creación de leyes escritas (dyké), que bajo el prisma de la poesía de Hesíodo se convierte en el ideal de lucha contra el poder injusto, debido a que, la legislación escrita, significaba la igualdad para todos frente a la administración de la justicia. El poeta Hesíodo, personificó a la justicia, Dyké, hija de Zeus y de Themis.

> "Grábate tú esto en tu corazón; escucha ahora la voz de la justicia (Dyké) y olvídate por completo de la violencia. Pues esta ley (nomos) impuso a los humanos el Cronión [Zeus]: a los peces, fieras y aves voladoras, comerse los unos a los otros, ya que no existe justicia entre ellos; a los hombres en cambio, les dio la justicia, que es mucho mejor." (Hesíodo, 1975)

En su sentido originario, dyké simboliza el orden normal de los acontecimientos, primeramente, estaba referido al "orden social" regido por el hábito, luego, se entendió como sentencia que endereza lo torcido. Para Hesíodo, la dyké es una garantía de Zeus frente a la justicia que provenía de la mano de los nobles; como ya se ha señalado, hasta entonces, toda manifestación del derecho estaba dada por los nobles, quienes administraban justicia conforme a la tradición, sin referencia alguna a regla o ley escrita. Son los conflictos entre los nobles y los ciudadanos libres, el excesivo enriquecimiento y el abuso político de la magistratura los que llevan a la necesidad de leyes escritas.

> "El derecho escrito equivalía al derecho igual para todos, altos y bajos. Ahora, como antes, pueden seguir siendo jueces los nobles y no los hombres del pueblo. Pero en lo futuro se hallan sujetos en sus juicios, a las normas fijas de la dyké" (Jaeger, 1994, pág. 106).

Parece ser que originariamente la noción de dyké hizo referencia al proceso judicial y, por ello, su etimología hunde sus raíces en el lenguaje procesal, en el que las partes en litigio "dan y toman dyké", por ello, pudo significar al mismo tiempo el proceso, el juicio y la pena. Posteriormente, vino a expresar "lo que a cada cual es debido" y puede exigirse y, también, el principio que garantiza esa exigencia, que englobaría la justicia y la igualdad. Mientras themis hace referencia a la legalidad del derecho y a una manifestación de una potencia superior al individuo, dyké señala el cumplimiento de la justicia y de la igualdad, esto es, la legitimidad del derecho (Jaeger, 1994, pág. 107) y se refiere a la razón y a la experiencia humana (Fasso, 1982, pág. 20).

Ahora bien, la referencia de la "dyké", como igualdad en la vida pública para entonces era ambigua e imprecisa, podía significar: a) igualdad de los que no tenían derechos iguales, esto es, de los ciudadanos ajenos a la nobleza ante el juez o la ley, b) posibilidad de participación del ciudadano común en la administración de justicia, c) igualdad constitucional de votos de todos los individuos en los asuntos del estado, d) finalmente, igualdad de participación de todos los ciudadanos a ocupar los puestos dirigentes que por aquella época estaban en manos de la aristocracia. Pero es precisamente esta referencia, ambigua y vaga de la dyké a la igualdad, la que facilitó su utilización en el escenario político durante los siglos posteriores y conduciría a la instauración de la democracia (Jaeger, 1994, pág. 110).

La lucha por la ley y la justicia, redefine los lazos originarios del individuo con la *polis*, hace surgir no sólo un nuevo sujeto, el ciudadano, sino también un nuevo régimen del discurso sobre la virtud y la excelencia humana, en el que se centralizan y cohesionan todas las fuerzas e impulsos sociales. El Estado se expresa en la ley, ésta garantiza la recta administración de justicia, que no depende del arbitrio humano sino de un "señor invisible" que delimita las acciones públicas y los aspectos íntimos de la vida privada del ciudadano común, a partir de ahora la ley, entendida como dyké, se convierte en el alma de la *polis* y la sumisión a ella en la virtud ciudadana por excelencia.

En el siglo IV a. c. va ser cada vez más común la fórmula pedagógica que enuncia la necesidad de educar al hombre en el ethos de la ley, pues ésta simbolizó el escalón más elevado en el proceso ético griego, de allí que, por aquel tiempo, los griegos ubicaran al lado de sus grandes poetas y sus sabias sentencias, a los legisladores y sus determinaciones de ley. La ley hace de la ciudad un cosmos político (Jaeger, 1994, págs. 112-13) que le impone al ciudadano común la necesidad de distinguir su existencia individual y privada, en donde despliega sus destrezas personales y que hace referencia a lo propio, de su existencia pública que hacía relación a la vida en común y a la virtud general ciudadana.

2. La ley y la justicia en el Estado jónico y ático

A diferencia de otras sociedades, el estado jónico y su ideal de justicia creó nuevas condiciones de organización social fundada en el principio de libertad, propiciando un clima que estimuló el desarrollo individual del ciudadano griego y las preocupaciones por lo íntimo. Estas inquietudes se reflejan en la poesía elegíaca y yámbica de los jonios así como en la lírica eólica, en la que el poeta expone primordialmente sus opiniones y sentimientos sin pretender formular sentencias universales y definitivas en lo ético, político y jurídico, como lo pudieron haber hecho Homero o

Hesíodo; su finalidad es la de expresar su pasión personal y partidista como en el caso de Alceo "...quieras... buscar... un dios... (sin) fidelidad... según la justicia... Zeus hijo de Crono tiene el cumplimiento, él mismo, de (toda) cosa" (Rodríguez, 1980, pág. 320) o reclamar sus derechos individuales como Arquíloco: "Oh Zeus, padre Zeus, tuya es la potestad del cielo,/tú las acciones de los hombres observas,/ las facinerosas y las justas, y a ti/ la insolencia y la justicia de las bestias te concierne." (Berruecos, 2018, pág. 16); no obstante, si bien la manifestación de la subjetividad del poeta no desconoce la estructura social, hace surgir tensiones con las leyes de la *polis*, que se muestran como universalmente válidas y que aspiran a someter y regular la vida entera de la ciudad-estado incluyendo la intimidad humana, con sus pasiones y la individualidad. Esta tensión entre el orden legal y libertad individual sólo podrá ser resuelta por la cultura ática (Jaeger, 1994, págs. 137-8).

Muchos serán los exponentes de esta nueva forma espiritual de la ciudad-estado que surge de la fusión de lo ático y lo jónico, entre ellos solón, quien concibe al derecho como un elemento necesario en el orden divino del mundo, y a quien se le debe la idea de responsabilidad y de compensación del individuo frente a la totalidad del estado por sus acciones; es además, quien sugiere que la dyké no depende de los decretos humanos o de la intervención de los dioses, pues es inmanente al acaecer mismo, en el cual se

realiza en cada caso "la compensación de las desigualdades."
(Jaeger, 1994, pág. 159).

3. Dyké y legalidad natural

Anaxímenes, Pitágoras y Anaximandro, a quienes se aludirán a continuación, asociarán la idea de "dyké" a las leyes de la naturaleza, lo que supondría que el universo está regido por leyes necesarias e inviolables. Para los presocráticos, los problemas de la conducta humana, en especial, los problemas sobre su moralidad o legalidad, no constituyeron el problema filosófico central, lo que no quiere decir que no se interesasen por la vida política y social de su tiempo, pero es evidente que su actividad intelectual principal se centró en la búsqueda del principio fundamente de la naturaleza (arjé); por ello, no distinguieron entre naturaleza humana (moral) y la naturaleza física o si se quiere, entre las normas jurídicas y las leyes de la naturaleza, norma y naturaleza constituían una unidad indisoluble (Fernández, 2001, pág. 34); más bien, derivaron del orden moral y social, apoyados en la idea de dyké , las leyes de la naturaleza (Fasso, 1982, pág. 22).

Los presocráticos, articularon la concepción de dyké a la noción de legalidad de la naturaleza, lo que introdujo en el pensamiento griego, la idea de que el Cosmos estaba dominado por una norma de justicia absoluta e inviolable que garantiza su equilibrio, su armonía y su proporción (Jaeger, 1994, pág. 164).

Anaximandro, siguiendo a Solón, sostiene que la compensación de las desigualdades no se realiza sólo en la vida humana, sino también en la naturaleza, lo que supondría la existencia no de una ley natural que describe fenómenos, sino de una especie norma o prescripción que vincula el comportamiento de la naturaleza a la dyké.

> "El mundo se revela como un cosmos, o dicho en castellano, como una comunidad de cosas, sujetas a orden y a justicia."
> (Jaeger, 1994, pág. 159).

Anaximandro concibe el devenir y el perecer de las cosas como un juego de compensaciones, como una lucha e instauración de lo justo por el tribunal del tiempo, donde cada cual debe pagar su compensación por las injusticias cometidas y el daño causado (Jaeger, 1994), la ley de las oposiciones de Heráclito mantiene la armonía y el equilibrio en el universo y en la *polis*.

La concepción de Pitágoras sobre el número, como fundamento o principio de las cosas, se halla asociada a estas ideas de

Anaximandro; para él, el universo, que se identifica con un orden racional y armónico, se expresa en un conjunto de relaciones numéricas que, paradójicamente, tenían una significación, no sólo cuantitativa sino también cualitativa, y podían representar cosas tan disímiles y heterogéneas como las estrellas, el matrimonio o la justicia (Jaeger, 1994, pág. 161). Aristóteles refiere que, para Pitágoras, la virtud tiene una esencia numérica y la justicia está representada por el cuadrado, que presupone un número que es el resultado de dos factores iguales (Fasso, 1982, pág. 23).

Heráclito, por su parte, señala la relación indisoluble que existe entre el logos, la ley que rige el universo, y todos los acontecimientos terrestres, incluida en estos las leyes humanas, pues todas las leyes se nutren de esa ley divina. Esta ley es el fundamento de todas las leyes naturales y sociales, es el principio de toda la realidad (Fasso, 1982, págs. 22-3) Este logos o razón cósmica tiene su fundamento en la oposición o contrariedad de la que surgen todas las cosas, y en esta lucha aparece dyké (Kaufmann, 1994, pág. 52). La ley de las oposiciones de Heráclito tiene como finalidad mantener la armonía y el equilibrio en el universo y en la *polis*. El hombre, según Heráclito, es una parte de ella, y ésta es, a su vez, una parte del cosmos, por lo que se encuentra sometido a sus leyes; su libertad la experimenta en la subordinación a la *polis* y a sus leyes. Estas ideas sobre la necesidad de la ley y de su cumplimiento dentro de la *polis*, van a estar presentes en todo el pensamiento presocrático del que va a ser heredero la confrontación sofistico – socrática.

2. NORMA (NOMOS), NATURALEZA (PHYSIS) Y JUSTICIA (DYKÉ) EN SOCRÁTES Y LOS SOFISTAS

La contradicción entre las reglas creadas por el hombre y la naturaleza aparece claramente diferenciada, en la antigüedad griega, con el pensamiento sofístico, bajo la oposición que se produce entre aquello que es por naturaleza y aquello que surge como consecuencia del acuerdo, las convenciones sociales o la voluntad de poder y se manifiesta en el hábito, la costumbre o la ley.

1. Nomos y physis

Como se señaló, los sofistas distinguen la ley jurídica o la costumbre (nomos) de la naturaleza (physis), si se quiere, de lo que es justo por naturaleza y permanece invariable, sin que pueda ser modificado por el arbitrio humano, y de lo que es obligatorio debido a los pactos, la costumbre o las decisiones humanas (Robles, 1993, pág. 56). Parece que fue Hipías el primero en advertir esta contradicción:

> "Amigos presentes, considero yo que vosotros sois parientes y familiares y ciudadanos, todos, por naturaleza, no por condición legal. Pues lo semejante es pariente de su semejante por naturaleza. Pero la ley que es el tirano de los hombres, les fuerza a muchas cosas en contra de lo natural" (Platón, Diálogos Vol. II, 1982, pág. 337)

El término nomos tal y como se entendió en los orígenes de la cultura griega, contiene dos significados: por una parte, hace referencia a la costumbre o costumbres (nomoi, en plural), por otra, se entiende como "ley", como aquellas reglas que en la polis tenían el carácter obligatorio porque eran sancionadas por el hábito, la costumbre o las asambleas de los hombres.

Originalmente, nomos era la costumbre sagrada, la que se impone y se considera justa en la polis. Es el orden que lo abarca todo. Píndaro el poeta, dio la fórmula precisa "nomos basileus panton": el derecho de esta costumbre sagrada se describe como lo "que lo rige todo y sobre todo" (Friedrich, 1993, pág. 27).

Por otra parte, la idea de "physis" de lo cual se deriva la idea de lo justo por naturaleza, no tuvo un único significado en la corriente sofistica. Para algunos, menos radicales, los hombres tienen algo en común y pertenecen a la misma especie, de manera que con independencia de las leyes de la ciudad se hacen a creedores a un tratamiento igual y unos mismos derechos. Otros, más radicales, entendieron que lo natural no era lo que hacía igual a los hombres sino lo que permitía diferenciarlos como el poder o la riqueza (Jaeger, 1994, págs. 295-6). Y hay quienes reconocen que lo justo o lo injusto es diferente si se mira desde la perspectiva de la ley o de la naturaleza, es la tesis de Callicles, para quien lo que se entienda como justo depende de la perspectiva desde donde se interrogue o se responda. Lo justo, bello o bueno según la ley (nomos) puede no serlo con respecto a la naturaleza (physis), pues ésta y aquélla se oponen en la mayor parte de las cosas.

> "Pero en la mayor parte de las cosas la naturaleza y la ley se oponen entre sí... [...] Según la naturaleza, todo aquello que es más malo es igualmente más feo. Sufrir, por tanto, una

injusticia, es más feo que hacerla; pero según la ley es más feo cometerla" (Platón, obras completa tomo V, 1871, págs. 201-2)

Esta contraposición, también estará presente en la tragedia Antígona, de Sófocles, quien contrapone, a las leyes del Estado, las leyes eternas de la naturaleza.

"No fue Zeus el que los ha mandado a publicar, ni la justicia que vive con los dioses de abajo la que fijó tales leyes para los hombres. No pensaba que tus proclamas tuvieran tanto poder como para que un mortal pudiera trasgredir las leyes no escritas e inquebrantables de los dioses. Estas no son de hoy ni de ayer sino de siempre y nadie sabe de donde surgieron" (Sófocles, 1981, pág. 265).

2. Relativismo moral y convencionalismo legal.

Otra particularidad del pensamiento sofístico es su defensa del relativismo, no sólo en el campo del conocimiento sino también en el campo moral, de manera que tanto las verdades como lo bueno depende de la mirada del individuo, según la conocida máxima de Protágoras que afirma que el "hombre es la medida de todas las cosas" (Fasso, 1982, pág. 29).

Antes del siglo V a. c., las leyes de la ciudad-estado eran consideradas como absolutas e inmutables, tal concepción es insostenible después de los sofistas, quienes muestran que las leyes cambian, que no permanecen ni preexisten al acto de conocimiento, que son, más bien, el producto del hombre de la sociedad y del momento histórico en que surgen. Las leyes y las reglas sociales son el producto de los hombres, la divinidad no interviene. Protágoras no solo niega que el mito o la tradición religiosa sea la fuente principal del conocimiento, dado que la medida de la verdad es el hombre, sino, además, afirma que éste también es el parámetro de la ley (Adomeit, 1999, pág. 19).

Este relativismo tendrá un efecto importantísimo en la concepción de la ley y la justicia dentro de la ciudad-estado, pues hay que determinar si las reglas vinculantes son aquellas derivadas de la naturaleza (physis) o son aquella que provienen de las convenciones y asambleas de los hombres (nomos).

Los sofistas, aparece en Atenas cuando las instituciones democráticas se afianzan y consolidan, mostrando que las leyes dictadas pueden ser modificadas posteriormente por otra asamblea. Este carácter mudable de la legislación, unido a la constatación de que otros pueblos viven bajo otras instituciones y otras leyes, revelan el carácter convencional de las leyes y de las instituciones políticas (Betegón, 1997, pág. 37).

3. La ley, la justicia y el poder.

Los sofistas, además, se presentaban, ante la sociedad y los demás ciudadanos, como maestros en el arte del discurso, que adquirió una importancia inusitada en la vida social griega debido a la instauración de la democracia en Atenas, la cual exigía que las decisiones se tomaran mediante votaciones, las cuales, normalmente, estaban precedidas de intensos debates, en donde se exigía hablar bien y de manera convincentes y oportuna.

En este ambiente intelectual y cultural, la educación retórica se convirtió en determinante para quienes deseaban formarse y participar en la práctica política del Estado. Adviértase que, si bien la educación no desconocía el antiguo ideal político de la justicia y el cumplimiento de las leyes, en ese momento era imprescindible, para aquel que pretendiera irrumpir en la vida del Estado, instruirse en las habilidades fundada de la elocuencia.

La tesis de los sofistas, sin embargo, no consideraban que la retórica tuviera sólo un valor pedagógico sino, también, una gran utilidad en la vida práctica, dado que otorga un poder sinigual a quien la posee, capaz de persuadir y triunfar donde otros han fracasado, como en el caso de la vida pública o en la asamblea, donde no será el experto el que se imponga y sea tenido en cuenta sino al retórico (Jaeger, 1994, pág. 513). En el dialogo de Platón "Gorgias o de la virtud" se puede leer:

> "Ya ves, Sócrates, que cuando se trata de tomar una resolución sobre las cosas, que antes decías, los consejeros son los oradores y su dictamen es el que triunfa" (Platón, 1871, pág. 145).

En ese mismo diálogo, Polos, uno de los personajes, alude a una noción de "poder ilimitado" que asimila a la capacidad del retórico u orador, aquel que le permite al gobernante hacer dentro de su territorio lo que quiera; se trata, fundamentalmente, de un poder omnímodo sobre los bienes, la vida y la muerte dentro de la ciudad-estado que, en últimas, coincide con el ejercicio del poder del tirano.

> "Polos". ¿No son de todos los ciudadanos, los [oradores] que

ejercen un poder más grande?" ¡Pues qué! semejantes a los tiranos, ¿no hacen morir al que quieren? ¿No los despojan de sus bienes, y no destierran de las ciudades a los que bien les parece? (Platón, 1871, pág. 163)

Esta dimensión irracional, puramente fáctica del poder, será compartida y reafirmada por otro sofista: Callicles, para quien sucumbir bajo la injusticia es producto de la debilidad.

"Y en efecto, sucumbir bajo la injusticia de otro no es hecho propio de un hombre, sino de un vil esclavo, para quien es más ventajoso morir que vivir, cuando, sufriendo injusticias y afrentas, no está en disposición de defenderse a sí mismo, ni a las personas por las que tenga interés." (Platón, 1871, pág. 202)

En las palabras de Callicles, se expresa claramente el pensamiento sofístico sobre la justicia y la ley. Para éstos, al ser la ley obra de los más débiles se hacen atendiendo los intereses de éstos: que son los de atemorizar a los fuertes en su superioridad (Jaeger, 1994, págs. 296-7). Los sofistas, especialmente los más radicales, son del criterio de que la nomos, la ley, reprime y limita el libre desarrollo de la physis individual, por ello, en el orden de la ley es más feo y más injusto actuar con superioridad frente a otro; mientras que, según el dictamen de la naturaleza, es justo que quien sea superior, tenga más y gobierne sobre el más débil. Para Callicles, por ejemplo, la ley natural se identifica con el poder: Lo justo es el derecho del más fuerte y la ley civil es una especie de tiranía frente al hombre que lo fuerza actuar en contra de la Physis.

> "Respecto a las leyes, como son obra de los más débiles y del mayor número, a lo que yo pienso, no han tenido al formarlas en cuenta más que a sí mismos y a sus intereses, y no aprueban ni condenan nada sino con esta única mira. Para atemorizará los fuertes, que podrían hacerse más e impedir a los otros que llegaran a serlo, dicen que es cosa fea e injusta tener alguna ventaja sobre los demás, y que trabajar por llegar a ser más poderoso es hacerse culpable de injusticia. Porque siendo los más más débiles, creo que se tienen por muy dichosos, si todos están por un rasero. Por esta razón es injusto y feo, en el orden de la ley, tratar de hacerse superior a los demás, y se ha dado a esto el nombre de injusticia. Pero la naturaleza demuestra, a mi juicio, que es justo que el que vale más tenga más que otro que vale menos, y el más fuerte más que el más débil." (Platón, obras completa tomo V, 1871, pág. 202)

4. La ley y la virtud de lo justo

Los griegos siempre asumieron la ley como un factor de cohesión de la cotidianidad griega, entorno a su respeto se estructuraba el orden político y social, de suerte que por la ley existía la polis y la polis existía por la ley. En la época de Sócrates, si bien se mantiene el ideal de estado dominado por la dyké, la referencia al orden sobre el cual descansa la ley ya no es el orden divino, sino la naturaleza (physis), como lo advirtieron los sofistas; por tanto, la cuestión ahora será determinar qué prescribe la ley que se deriva de la naturaleza.

El pensamiento socrático sigue siendo fiel al ideal griego, por ello, no es posible desligar las reflexiones sobre la ley, la naturaleza y la justicia del marco de la polis, ni esta última de su propuesta ética sobre el sentido humano y su fin justo, pues en un sentido amplio, la ley, la dyké, es producto de la virtud, por ello se puede hablar de la dyké, "justicia en sentido objetivo", "justicia legal" o "virtud de la ley".

Ahora bien, este concepto de ley y de justicia socrático no tiene como presupuesto la voluntad de los dioses o una ley absoluta que rija el cosmos, o las leyes de la naturaleza física o biológica, sino la "psyché", el alma en sentido griego y no como lo entenderá posteriormente el cristianismo. Para Sócrates, la ley natural anida en el alma humana, es allí donde se halla la medida de justicia o injusticia de los actos humanos, por ello, lo primordial es la indagación en el interior del hombre, el conocerse a sí mismo. En esta exploración, al interior del hombre, se abre una nueva dimensión de la justicia: la dikaiosyne o "justicia en sentido subjetivo", si se quiere, justicia como salud del alma. La dikaiosyne, es el presupuesto subjetivo de la existencia objetiva de la "dyké", en este caso la justicia se refiere a las acciones humanas. Bajo tales circunstancias, se considera que es "justo" quien actúa acatando la ley, quien actúa acatando la ley.

> "La nueva dikayosine era más objetiva. Se constituyó en la areté - virtud - por excelencia, desde el momento en que se creyó poseer, en la ley escrita, el criterio de lo justo y lo injusto. Mediante la fijación escrita de nomos, es decir, del derecho usualmente válido, el concepto de justicia alcanzó un contenido palpable. Consistió en la obediencia a las leyes del Estado, del mismo modo que más tarde la "virtud cristiana" (Jaeger, 1994, pág. 109).

Para Sócrates, el hombre feliz es, por tanto, el hombre que vive en la virtud, quien actúa conforme a la justicia en su doble dimensión: objetiva, porque tiene en cuenta la armonía con el orden de la polis que es dado por la ley y, subjetiva, porque igualmente se debe velar por la armonía y el orden del alma. Cuando esto último no es posible, aparece la justicia como administración práctica de justicia o justicia correctiva. La práctica judicial tiene, en ese sentido, tiene un valor pedagógico y restaurativo del equilibrio interior del ser humano.

En esta concepción socrática sobre la ley, la justicia y la virtud, se opone a la concepción sofística sobre la relación entre el derecho, la retórica y el poder, especialmente, porque Sócrates concibe el poder como un bien para quien lo posee, siempre y cuando lo ejerza guiado por el buen sentido o la razón, por la dikayosine, por lo que concluye, que tanto los tiranos como los oradores gozan de muy poco poder.

Sócrates parte de la siguiente premisa. Ni los tiranos ni los oradores hacen lo que quieren, aunque hagan lo que parece más ventajoso para ellos, porque los hombres no quieren las acciones sino las cosas por las cuales ejecutan las acciones; por ejemplo, el enfermo toma la medicina no por la bebida misma que incluso puede ser desagradable, sino por la salud (Platón, 1871, pág. 166); ahora bien, teniendo en cuenta que en el mundo existen cosas buenas, cosas malas y cosas intermedias (que no son ni lo uno ni lo otro), pero que se realizan para conseguir las buenas: cuando se quita la vida o se destierra o se arrebata los bienes a alguien no se hace por la acción misma, sino que se quiere por el bien que se hace, de lo contrario no se quiere (Platón, 1871, págs. 167-8).

Según Sócrates, si sólo se quieren las cosas buenas y no se quieren ni las malas ni las que no son ni buenas ni malas (intermedias), el tirano cuando actúa en su provecho, si bien hace lo que juzga más ventajoso para él (aunque sea lo más malo), hace lo que le parece, pero no hace lo que quiere, esto es, el "bien" (Jaeger, 1994, pág. 445), de lo que se infiere, que el tirano no puede tener un gran poder, pues tenerlo exige, en el entender de Sócrates, estar provisto de razón para hacer lo que se quiere (el "bien"), luego es posible que un hombre haga en una ciudad lo que juzgue oportuno, sin que esto signifique que goza de un gran poder haga lo que quiere, por tanto, concluye Sócrates:

> "…, tenía razón al decir que es posible, que un hombre haga en una ciudad lo que juzgue oportuno sin gozar, sin embargo, de un gran poder, ni hacer lo que quiere" (Platón, 1871, pág. 169).

Es en este punto de la discusión que Sócrates señala a sus antagonistas, la necesidad de establecer un límite ético al ejercicio del poder, límite que para él está dado por la medida de lo justo o lo injusto del acto. Sin embargo, es claro que, para sus adversarios, una propuesta en tal sentido es inaceptable, pues el poder que se defiende es aquel que permite tener la libertad absoluta dentro de la ciudad para hacer todo lo que se quiera: es un poder sin límite, digno de envidia y generador de felicidad para quien lo posee (Platón, 1871).

Para Sócrates, nadie que posea la dikaiosyne comete una injusticia o hace mal voluntariamente, el mal es producto de la ignorancia; por ello, cuando Polo pregunta por el grado de dicha o de desgracia del rey de Macedonia, Sócrates le responde que desconoce el estado de su alma con relación a la instrucción y la justicia (dikaiosyne), indicando con ello que la salud del alma presupone la posesión de la justicia, virtud por excelencia en sus dos dimensiones : como dyké (virtud de la ley) y como la dikaiosyne (cualidad o virtud subjetiva de lo justo que supone el respeto y la sujeción a la ley). En ese sentido, quien no se educa en la ley, no puede realizar actos justos, porque no puede comprender ni materializar la virtud de la ley. Como se observa, a diferencia de los sofistas que concibe la ley como producto de la naturaleza, entendida esta como como pasión o desenfreno, Sócrates piensa que la ley natural es un límite ético en el ejercicio de la fuerza, es producto de la ley moral que reposa en el alma del hombre y la naturaleza del alma es la justicia.

3. LEY, JUSTICIA Y VIRTUD EN PLATÓN Y ARISTÓTELES

Uno de los problemas centrales de la filosofía platónica fue la justicia, problema que intenta resolver en muchas de sus obras, aunque de una manera diferente a la forma como lo hicieron sus antecesores, dado que su concepción de la justicia no alude ni involucra relaciones intersubjetivas o sociales como si lo hicieron aquellos, sino a la perfección del alma, a la perfecta armonía de los elementos del alma, idea que constituye el argumento central de su obra la "República", que, curiosamente, tiene como subtítulo "Acerca de la justicia".

1. El valor de la ley y la virtud

En la "República", Platón describe un Estado ideal o utópico al que pertenecen tres tipos de ciudadano (gobernantes, guerreros y artesanos y agricultores). La particularidad de estos estamentos sociales es que a su vez se corresponde con tres formas de la virtud: la sabiduría o "sophía" que es la virtud de los gobernantes, el valor, fortaleza o "andréia" que es la de los guerreros y la templanza o "sophrosyne" que tiene que ver con el dominio de los apetitos y las pasiones y debe ser ejercida por las tres categorías de ciudadanos.

La justicia, según Platón, consiste en que cada categoría de ciudadano ejercite su virtud, es por ello que la justicia es la virtud total, porque en ella esta concentradas todas las demás virtudes (Fasso, 1982, págs. 51-2). Como se observa, la idea de justicia expuesta en la "República" está ligada a una concepción moral e ideal del Estado, la cual hace innecesaria la existencia de leyes que fuercen a los ciudadanos a actuar conforme al bien o que eviten la arbitrariedad del gobernante, pues la garantía de ello no son las leyes sino la formación moral y la educación en la virtud.

Esta idea de que las leyes tienen un valor ético más que jurídico, es reiterada en otra de sus obras, las "Leyes", en la que insiste en atribuirle a las disposiciones legales un carácter pedagógico; en ese sentido, las leyes de un Estado reforzarán la tarea de educar en la virtud y el bien, más que obligar o coaccionar al individuo en el cumplimiento de sus deberes; sin embargo, a diferencia de lo que sostuvo en la "República", en esta obra atribuye a la legislación la tarea de regular en detalle todos los ámbitos de la vida del ciudadano, que antes estaban confiadas al poder absoluto de los "reyes filósofos" y a la educación en la virtud (Fasso, 1982, pág. 56).

En el diálogo el "Político" considera que, si bien los gobernantes deben legislar, el mejor gobierno será aquel que se encuentre instruido en la verdadera ciencia de la política, esto es, en la "sofía" y las virtudes (Platón, 1872, pág. 90), reconoce, además, que la legislación tiene alguna utilidad, especialmente la de hacer más tolerable los estados, ninguno de los cuales tiene la capacidad de realizar el bien en su totalidad (Fasso, 1982, pág. 55). En palabras del autor:

> "Pero lo que conviene al mayor número de individuos y de circunstancias será lo que constituirá la ley, y el legislador lo impondrá a toda la multitud, sea que lo formule por escrito, o que lo haga consistir en las costumbres no escritas de los antepasados" (Platón, 1872, pág. 95).

29

Finalmente, considera que las leyes son un reflejo o una copia del mundo ideal, por ello, no pueden ser perfectas. Se cita:

> "Que no pudiendo la ley abrazar nunca lo que es verdaderamente mejor y más justo en todas ocasiones, no puede tampoco ordenar lo más excelente. Porque las diferencias que distinguen a todos los hombres y a todas las acciones, y la incesante variación de las cosas humanas, que siempre están en movimiento, no permiten a un arte, cualquiera que él sea, establecer una regla sencilla y única, que convenga en todos tiempos y a todos los hombres." (Platón, 1872, pág. 91)

Platón propone uno de los problemas centrales de la teoría jurídica, al mostrar como la legislación no puede nunca prever todas las posibles situaciones futuras, por eso, en su concepción de un estado justo, lo más importante son los gobernantes virtuosos que legislan para cada caso concreto e, incluso, modifican la legislación cuando las circunstancias así lo exigen (Copleston, 2000, pág. 238).

2. El mundo de las ideas y el arquetipo de la justicia

Platón propuso la idea de valores eternamente existentes y verdaderos, así como la idea de arquetipos transcendentales que existen en un mundo suprasensible más allá del tiempo y del espacio, entre los cuales se puede hallar la idea de bien, belleza y justicia (Riddall, 2000, pág. 85).

Sostiene que los sentidos nos engañan (mito de las cavernas), el verdadero conocimiento se encuentra en el mundo de las ideas, que constituyen la verdadera esencia de las cosas; es en aquel mundo en el que se halla la idea justicia, esencia del comportamiento correcto de los seres humanos, que no es derivable de las costumbres y hábitos diferentes de cada lugar (Ruiz, 2002, pág. 26). Lo bueno y lo malo o lo justo y lo injusto no depende, por tanto, ni de los hombres ni de los dioses, pues son "esencias eternas" a las cuales tanto los hombres como los dioses están vinculados (Fernández, 2001, pág. 50).

Su doctrina filosófica supone que, en ese mundo de las ideas, existe una idea suprema a la cual están subordinadas todas las demás (como la idea de justicia): el "bien absoluto", por ello, la pregunta sobre qué es la justicia, es la pregunta sobre que es el bien, que, según Platón, constituye un arquetipo que está más allá del conocimiento racional (Falcón y Tella, 2014, pág. 19).

3. Virtud y justo medio

La idea de un derecho supra-positivo vinculado a la naturaleza humana aparece con nitidez en el pensamiento de Aristóteles, quien invierte el esquema platónico de un mundo dominado por arquetipos a un mundo real guiado por fines racionales (Fernández, 2001, pág. 52).

El racionalismo aristotélico está en función de los fines, de determinar el propósito o destino hacia el cual las cosas se dirigen de manera natural, más no de las causas de las que proceden (Ruiz, 2002, pág. 52), esta es la razón por la cual la ética de Aristóteles tiene carácter teleológico o finalista. El telos define la naturaleza, la esencia de las cosas y del ser humano, pues cada arte o ciencia, o acción o elección, se hacen con vista a un fin que se considera bueno o deseable, de manera que "fin" y "bien" se identifican (Aristóteles, 2005, pág. 47). En relación a esto último, Aristóteles afirma que existen múltiples fines, algunos de los cuales se buscan con miras a bienes superiores, pero existe un fin último o bien supremo para el hombre del cual dependen los otros: la felicidad (Aristóteles, 2005, pág. 48 y 50); por tanto, desde la perspectiva ética: naturaleza, felicidad, fin y bien se identifican.

Para Aristóteles, determinar lo qué es la felicidad, exige saber cuál es el sentido, el propósito o la misión propia del hombre, que no se identifica ni con la vida vegetativa, común a las plantas, ni con la vida emotiva, común a los animales, sino con un fin más alto guiado por la razón: la virtud; por lo que colige, que el hombre feliz es el que vive conforme a la razón y la virtud (Aristóteles, 2005, págs. 59-60). Ahora bien, Aristóteles distingue dos virtudes básicas: las virtudes intelectuales (dianoéticas) y las virtudes morales (éticas).

Las primeras conciernen al ejercicio de la razón o del intelecto (sabiduría, comprensión, inteligencia práctica) y, a su vez, pueden ser de dos clases: las que apuntan al uso del pensamiento racional en función de la acción correcta (phrónesis o conocimiento práctico), las que aluden a las habilidades técnicas (techne), las que se refieren a su uso en función de la verdad (episteme o conocimiento teórico) y las relativas a la sabiduría (sophía). Este tipo de virtudes requiere de aprendizaje, de tiempo y experiencia (Gómez-Lobo, 2013, págs. 262-3).

Las segundas, conciernen al ejercicio de la razón sobre los apetitos y los impulsos sensibles (generosidad, templanza), o la rectitud de las acciones, y está determinada por los buenos hábitos; en este sentido, la corrección de un acto se mide por su conformidad con la virtud moral, lo que presupone un cierto estado mental de la persona que es consciente, que sabe lo que está haciendo y que reacciona del mismo modo siempre, conforme al hábito o la costumbre (Gómez-Lobo, 2013, pág. 263). En el anterior sentido, la virtud moral no se origina en la naturaleza, ni contra la naturaleza, aunque es evidente que existe una facultad connatural al hombre que permite recibirla y perfeccionarla mediante la costumbre (Aristóteles, 2005, págs. 74-6).

La virtud moral es la capacidad o el hábito de elegir el justo medio adecuado, tal como es determinado por la razón o como podría determinarlo un sabio, excluyendo los dos extremos viciosos (el exceso o el defecto), como en el caso del "valentía" que es el justo medio entre la cobardía y la temeridad (Aristóteles, 2005, págs. 110-19), la "templanza" que es el justo medio entre la intemperancia y la insensibilidad (Aristóteles, 2005, págs. 119-124), la "generosidad" que es el justo medio entre la prodigalidad y la avaricia (Aristóteles, 2005, págs. 124-135), la "magnanimidad" que es el justo medio entre la vanidad y la humildad (Aristóteles, 2005, págs. 135-142) y la mansedumbre, que es el justo medio entre la irascibilidad y la indolencia (Aristóteles, 2005, págs. 142-150).

4. Justicia según la igualdad

La virtud ética principal es la justicia, que puede entenderse en un sentido general, como sinónimo de ley, o en un sentido particular, como sinónimo de igualdad.

Desde la perspectiva general, la justicia simboliza la virtud perfecta, dado que ella encarna la suma de todas las virtudes, pues es a través de la ley que se regulan los comportamientos relacionados con las otras virtudes, por eso afirma, que el hombre justo, aquel que cumple todas las leyes, se convierte en el paradigma de hombre virtuoso.

Desde una perspectiva específica, la justicia se acerca a la noción de igualdad (Falcón y Tella, 2014, págs. 18-9). La justicia según la igualdad puede entenderse en dos maneras. En el sentido de dar a cada quién según sus méritos, teniendo en cuenta la máxima de "igual para los iguales y desigual para los desiguales", por lo que ante méritos iguales corresponde tratamientos iguales y ante méritos desiguales, tratamientos desiguales. O puede entenderse en el sentido de dar a todos en igual medida, con independencia del mérito o el valor de cada uno.

Los dos anteriores sentidos de la igualdad involucran una proporción en las relaciones, en el primer caso, la igualdad según el mérito, presupone una proporción geométrica, en el segundo caso, la justicia que da a todos por igual, presupone una proporción aritmética (Fasso, 1982, pág. 62). La justicia según la igualdad se divide en distributiva y conmutativa.

La justicia distributiva opera en el campo de las relaciones públicas y del Estado y permite la realización de lo justo según el mérito. Es a través de ella que llevan a cabo la repartición de los honores, dineros y bienes en la comunidad. La justicia conmutativa, opera en el campo de las relaciones particulares y permite la realización de lo justo según el valor de cada uno con independencia del mérito. Es a través de ella que se llevan a cabo la rectificación de las relaciones de cambio, tanto las que surgen de las obligaciones voluntarias como en los contratos privados, como las que surgen de las obligaciones involuntarias que se derivan, comúnmente, de los delitos (Abbagnano, 1994, pág. 149). De lo anterior se colige que mientras la justicia correctiva o conmutativa se aplica a las relaciones entre iguales, o presupone la igualdad de los individuos, la justicia distributiva se aplica a las relaciones entre los desiguales y por ello está ligada al mérito (Ruiz, 2002, pág. 36)

5. Justicia según la ley

Además de la justicia según la igualdad, se dijo, que Aristóteles también distingue otra forma de justicia según la ley o según la política. Esta incluye la justicia política natural y justicia política legal. La justicia natural es aquella que en todas partes tiene la misma fuerza o validez y no depende de la aprobación o desaprobación del ser humano; la legal o convencional, por el contrario, es lo que en un principio es indiferente que sea de un modo u otro pero que una vez constituidas las leyes deja de ser indiferente (Aristóteles, 2005, pág. 168). por eso su validez está limitada sólo a las comunidades políticas en las que está establecido; ahora bien, lo justo natural, dispone acciones virtuosas cuya bondad o valor no depende ni puede someterse al arbitrio humano, ellas proponen algo así como una validez objetiva; en cambio, lo justo legal prescribe acciones que antes de ser reguladas le es indiferente que se realicen o no, pero una vez establecidas se tornan obligatorias (Ruiz, 2002, pág. 38).

Es significativo que, en aquella época, a diferencia de lo que ocurrirá en el mundo medieval, no se consideraba el derecho natural como un derecho superior al positivo; por el contrario, si existía contradicción entre ellos prevalecía el derecho convencional o particular frente la justicia política natural, ello en virtud del principio de que lo particular prima sobre lo general (Bobbio, 1993, pág. 43).

6. La ley y la equidad

Aristóteles, además, enuncia una virtud que tiene como propósito mejorar o corregir la justicia legal o el derecho convencional, se trata de la "equidad", que opera al momento de interpretar y aplicar o concretar la norma a la realidad social. En palabras de Aristóteles:

> "La dificultad la produce el que lo equitativo es justo, pero no es la justicia legal, sino una rectificación de la justicia legal. La razón es que la ley es toda general, y en algunos casos no es posible hablar correctamente en general. Pues bien, en aquellos casos en que hay que hablar necesariamente, pero no es posible hacerlo correctamente, la ley abarca lo máximo posible, aunque no ignora que ello es erróneo. Mas no por eso es menos recta, pues el error no reside en la ley, ni en el legislador, sino en la naturaleza de la cosa: tal es la materia de la conducta." (Aristóteles, 2005, pág. 177)

Aristóteles sostiene que toda ley es universal, sin embargo, la mayoría de las cosas no se pueden tratar correctamente de esa manera y menos la ley, por cuanto el legislador no puede anticipar todas las particularidades que pueden surgir como consecuencia de la condición y la singularidad humana. Al momento de aplicar la ley al caso particular esta se encuentre indeterminada o presente vacíos o ambigüedades. Esta tensión entre la generalidad de la ley y la particularidad del caso concreto, se resuelve en el momento particular de la comprensión y aplicación por parte de quien le corresponda, haciendo uso de la equidad.

7. Falacia naturalista

Aristóteles cae en el mismo error lógico de los sofistas, quienes derivaron valores, reglas sociales o derechos de ciertos hechos naturales, como aquel que sostiene que quien sea superior en lo físico, en lo bélico o en las riquezas, gobierne sobre el más débil. Este salto, de un uso empírico o fáctico del concepto de naturaleza a un uso valorativo, se evidencia en muchas de sus tesis y concepciones sobre el Estado y las relaciones entre los hombres (Ruiz, 2002, pág. 39). Así, con base en ello, Aristóteles fundamenta la legitimidad del Estado, al que considera como la culminación de un proceso natural que se inicia con la familia, y se desarrolla en la aldea, a través de la reunión de varias familias

> "Luego toda polis es [una asociación] natural, ya que también [lo son] las sociedades primitivas [que les dieron origen]. Aquélla es la coronación de éstas, y su naturaleza es [ella misma un] fin. (…) De lo dicho se deduce con evidencia que la polis existe en la naturaleza, y que el hombre es por naturaleza un animal político" (Aristóteles, 1989, pág. 135)

También justifica la esclavitud. A la que considera moralmente aceptable por dos razones: en primer lugar, por una especie de deficiencia racional o intelectual de ciertos hombres, lo cual los asemeja a los animales (argumento biológico), en segundo lugar, porque la sociedad (estructura natural) requiere de ellos para su desarrollo económico y político. En palabras de Aristóteles:

> "Y por naturaleza [uno] manda y [otro] obedece para la supervivencia. Quien con la inteligencia es capaz de prever está naturalmente destinado a ser amo, y quien tenga fuerza corporal para realizar [lo planeado por aquél] es, por naturaleza, esclavo; por eso hay un interés [mutuo] entre amo y esclavo." (Aristóteles, 1989, pág. 133) […] "Vemos, pues, claro cuál es la naturaleza y capacidad del esclavo: quien siendo hombre no se pertenece naturalmente a sí mismo sino a otro, ése es por

naturaleza esclavo, y quien siendo hombre es de otro, es artículo de propiedad en cuanto hombre. Propiedad es instrumento de acción, separable [del dueño]" (Aristóteles, 1989, pág. 140)

8. El imperio de la ley

A diferencia de Platón, quien sostuvo la primacía de la virtud del gobernante y del ciudadano frente a la ley, Aristóteles considera que la ley cumple un papel definitivo en el cumplimiento de los fines del Estado y que ésta debe tener primacía frente al soberano. En un Estado la única soberana es la ley elaborada y promulgada conforme a la razón, por consiguiente, el "gobierno de las leyes" y no el "gobierno de los hombres" el que debe imperar en un Estado. Sostiene Aristóteles:

"La primera cuestión [arriba] mencionada muestra claramente como ninguna otra, que las leyes rectamente establecidas deben ser soberanas, y que los gobernantes, sean uno o varios, pueden decidir de aquello que las leyes no pueden expresar con exactitud, por no ser fácil abarcarlo todo." (Aristóteles, 1989, pág. 311)

Como se observa, Aristóteles concede gran importancia al derecho, asociando el gobierno de las leyes, al gobierno de la razón y de la virtud, y el gobierno de los hombres al de las pasiones y los apetitos; por tanto, lo ideal es el imperio de la ley, y que estas traten de resolver el mayor número de situaciones particulares, a pesar de su generalidad, de tal manera que el margen de discrecionalidad del gobernante sea mínimo, para que se reduzca la discrecionalidad y se limiten a aplicar las leyes, pues entre más discrecionalidad se tenga, más riesgo que el gobierno derive en una tiranía o los gobernantes se corrompan (Contreras, 2014). En palabras de Aristóteles:

"Es verdad, cuando la ley no parece capaz de decidir, mucho menos un individuo podría determinarlo. Pero es que la ley educa de propósito gobernantes, encomendando luego a su justo criterio el juzgar y determinar lo que falte. Más aún, les permite rectificar lo que por experiencia juzguen mejor [que] las leyes establecidas. Así, pues, exigir que reine la ley, es como pedir que Dios y la razón reinen solos; sostener lo contrario, es agregar también un [elemento] bestial: la concupiscencia; fuera de que la pasión pervierte a los gobernantes, aun siendo buenas personas84. Por ende, la ley es [la] razón liberada de la pasión" (Aristóteles, 1989, pág. 327).

4. DERECHO NATURAL Y RECTA RAZÓN EN EL PENSAMIENTO ESTOICO

Las teorías sobre la ley y la justicia que desarrollaron en el capítulo anterior, tenían como escenario la ciudad-estado y se centraban en la idea de virtud y de ciudadano, suponiendo que la virtud, entendida como perfección del alma (Platón) o como instrumento para alcanzar la felicidad, permitía la formación de buenos ciudadanos dentro del Estado; sin embargo, luego de la conquista de Grecia y oriente de Alejandro Magno y de la aparición del imperio romano la ciudad-estado, si bien seguía existiendo formalmente, había perdido el significado que antiguamente tenía para el individuo (Fasso, 1982, pág. 74). En su lugar, surgió la idea de un individuo que pertenece a una ciudad-cosmos (cosmopolita) y el reconocimiento de unos valores que ya no tienen validez únicamente en un espacio geográfico determinado (particularismo) sino en todos los pueblos, dando lugar a la idea de valor comunes y, por ende, universales (universalismo).

1. Universalismo y cosmopolitismo

La visión universalista que se impuso, exigió replantear los vínculos antiguos de la ética y la política y, por consiguiente, el lugar de la ley y la justicia. Es el caso del estoicismo, que pone en el centro a un individuo cosmopolita, que ya no tiene como referencia a la ciudad sino al cosmos, por ello, sus reflexiones ya no indagan por una ley de la naturaleza a la medida de la ciudad, ni formula una ética local sino universal o cosmopolita (Betegón, 1997, pág. 40).

El estoicismo fue el modelo de filosofía que dominó en gran medida en la república y el imperio romano y su influencia fue evidente en Cicerón, Epicteto, Séneca y Marco Aurelio, y a ella se deben las ideas de igualdad y unidad del género humano (Riddall, 2000, pág. 92). Unidad más allá de las distinciones entre hombres libres y esclavos, ciudadanos y extranjeros y unidad por encima de las diferencias geográficas y políticas (Betegón, 1997, pág. 41).

Hay que hacer la salvedad, sin embargo, que el igualitarismo y cosmopolitismo de los primeros estoicos (Zenón, Cleantes y Crisipo) no fue concebido como una igualdad entre todo el género humano como si es palpable con el estoicismo romano (Fasso, 1982, pág. 80). El estoicismo antiguo había declarado la igualdad y la unidad del género humano dada su naturaleza racional, pero sólo en cuanto esta última fuese obedecida. En la práctica, esa igualdad no fue extensiva a todo el género humano, dado que distinguieron entre el "sabio" a los que se consideraban iguales, de los "torpes", que no vivían plenamente conforme a los dictámenes de la recta razón y, por ello, no se consideraban iguales.

Seneca, por el contrario, sostiene que, en la medida en que los hombres participan de una misma esencia divina, de una misma naturaleza y de un mismo orden racional, son iguales. Lo que garantiza la igualdad es el hecho de ser hombre, con independencia de la condición social (Fasso, 1982, pág. 92). En palabras del propio Seneca:

> "Esta alma puede encontrarse tanto en un caballero romano, como en un liberto, como en un esclavo. Porque ¿qué es un caballero romano, o un liberto, o un esclavo? Unos nombres,

producto de la ambición o de la injusticia." (Seneca, 1986, pág. 231)

Epicteto, igualmente, sostuvo la tesis de que todos los hombres son iguales en la medida en que provienen del mismo Dios:

"Si uno pudiera captar con justeza este pensamiento, el de que todos, en última instancia, procedemos de la divinidad y que la divinidad es el padre de los dioses y los hombres, creo que nadie tendría ningún pensamiento innoble o miserable sobre sí mismo." (Epicteto, 1993, pág. 65) [...] "¡Esclavo! ¿No vas a soportar a tu propio hermano, que tiene a Zeus por padre, que como hijo nació de la misma simiente y del mismo principio superior, sino que, si te ves colocado en un lugar eminente, al punto te constituirás a ti mismo en tirano? ¿No te acordarás de qué eres y sobre quiénes gobiernas: sobre parientes, sobre hermanos de sangre, sobre descendientes de Zeus?" (Epicteto, 1993, pág. 100)

Esta misma idea es retomada por Marco Aurelio, quien consideró que la patria de los hombre es el mundo (Marco Aurelio, 2005, pág. 125) y que todos los individuos son parientes entre sí, incluso aquellos que no obran correctamente, dado que participan del mismo pensamiento y destino divino (Marco Aurelio, 2005, pág.

59); como se verá a continuación, el estoicismo identifica naturaleza, razón y divinidad, por consiguiente, todos los hombres son miembros de ese orden racional (Marco Aurelio, 2005, pág. 131). Sostuvo Marco Aurelio:

> "Pues dado que la naturaleza del conjunto universal ha constituido los seres racionales para ayudarse los unos a los otros, de suerte que se favoreciesen unos a los otros, según su mérito, sin que en ningún caso se perjudicasen, el que transgrede esta voluntad comete, evidentemente, una impiedad contra la más excelsa de las divinidades. [...] Pues la naturaleza del conjunto universal es naturaleza de las cosas que son, y éstas están vinculadas con todas las cosas existentes." (Marco Aurelio, 2005, pág. 161).

2. la idea de un orden racional natural

Los estoicos sostuvieron que existe una recta razón, un logos o ley universal racional que gobierna y da sentido al cosmos (Marco Aurelio, 2005, pág. 144), se manifiesta en la ley natural aplicable al hombre y se plasma en las leyes humanas. Esta idea restituye la unidad antigua de nomos y physis, pero no para legalizar el cosmos como hicieron los presocráticos, sino para derivar, de la naturaleza, principios y leyes universales de justicia (Ruiz, 2002, pág. 48).

Una particularidad del estoicismo es que integra la naturaleza y la razón. No identifica la naturaleza con lo animal, como hicieron los sofistas y los cínicos, sino con lo racional (Fasso, 1982, pág. 78). Si bien reconoce la existencia de los instintos en el hombre que le orientan en la supervivencia, sostiene que es la razón la que garantiza la armonía del hombre consigo mismo y con la naturaleza (Abbagnano, 1994, pág. 178).

Detrás de estos argumentos se encuentra una especie de panteísmo vitalista que permite derivar derechos y obligaciones para los individuos, de la naturaleza, que no es una potencia irracional sino una fuerza que se mueve por iniciativa propia hacia la perfección y preservando todo cuanta brota de ella, porque está dotada de un sentido racional, de un logos que permea todo cuando existe y que no es algo externo sino inmanente y omnipresente (Ímaz, 2013, pág. 306). El orden racional estoico determina la vida individual y social, en ese sentido, la justicia es la irrupción de ese orden racional universal en la comunidad, materializado en la ley natural y superior, perfecta y no susceptible de correcciones o mejoras (Abbagnano, 1994, pág. 180).

Finalmente, debe señalarse que los estoicos no sólo postularon la tesis metafísica que identificaba la naturaleza y la razón como ya se observó, también sostuvieron una tesis empírica que afirma que existen costumbres que son comunes a los distintos pueblos y que es posible establecer entre ellos un consenso sobre ciertos principios comunes (Ruiz, 2002, pág. 48).

3. La ley, naturaleza y justicia

Marco Tulio Cicerón fue, sin lugar a dudas, la figura emblemática del pensamiento estoico en materia filosófico jurídica. Si bien no fue un pensador original en los otros campos de la filosofía, como el mismo lo reconoce, pues tomo diversas fuentes platónicas, aristotélicas y estoicas, en relación a la ley y la justicia sus aportes constituirán un legado que será tenido en cuenta por los pensadores medievales y modernos, por ello para muchos, es el primer filósofo del derecho (Fasso, 1982, pág. 94), y su tratado sobre las leyes la primera obra de filosofía del derecho.

El tema del que se ocupa el tratado sobre las leyes es el del origen y fundamento del derecho. Parece ser que algunos de sus contradictores eran de la opinión de que éstos se hallaban en las convenciones o leyes positivas, mientras que Cicerón es partidario de que hay que encontrarla en la naturaleza (Cicerón, 2016, pág. 10). Según él, la naturaleza ha dotado al hombre de comprensión e inteligencia para que viva en sociedad en unión de todos y puedan "compartir entre todos unos derechos comunes" (Cicerón, 2016, pág. 16), es por ello, que es en la naturaleza donde debe buscarse la fuente del derecho universal y de las leyes y no en los edictos del pretor o en las XII tablas (Cicerón, 2016, pág. 8). Cicerón es reiterativo en sostener que la fuente de las obligaciones y las prohibiciones, no se encuentra en las reglas positivas sino en la naturaleza:

> "En efecto, debe ser explicada por nosotros la naturaleza del derecho, y ésta ha de buscarse en la naturaleza del hombre, y han de ser consideradas las leyes por las que deben regirse las ciudades; luego, han de ser tratados los derechos y los mandatos de los pueblos, que han sido reunidos y delimitados, entre los cuales ni siquiera quedarán ocultos los que se llaman derechos civiles de nuestro pueblo" (Cicerón, 2016, pág. 9) […] "Pero de todo lo que se encuentra en la discusión de los hombres doctos, nada es seguramente más prestantes que el que se entienda plenamente que nosotros hemos nacido para la justicia, y que el derecho no fue constituido por la opinión sino por la naturaleza" (Cicerón, 2016, pág. 14)

Al igual que todos los estoicos, Cicerón identifica la divinidad con la naturaleza, la naturaleza con la razón y la razón con la ley. Sostiene Cicerón:

"¿Nos concedes, pues, ... [...] que, por la fuerza de los dioses inmortales, por su naturaleza, por su razón, por su potestad, por su mente, por su voluntad [...] ser rige toda la naturaleza? (Cicerón, 2016, pág. 10) [...] "Dado, pues, que nada es mejor que la razón, y ella está en el hombre y en el dios, la primera sociedad del hombre con el dios es la de la razón. Y entre quienes es común la razón, también lo es la recta razón, y como ésta es la ley, debe pensarse que también por la ley los hombres estamos íntimamente unidos con los dioses." (Cicerón, 2016, pág. 11)

Por otra parte, la ley es única, pero se expresa o dimensiona en dos momentos. En el primero, se revela como una razón inherente a la naturaleza y a la divinidad, en este caso, es ley suprema de la cual se derivan los derechos y prohibiciones en general: "La ley es la razón suprema, ínsita en la naturaleza, que ordena lo que se debe hacer y prohíbe lo contrario" (Cicerón, 2016, pág. 9). En un segundo momento, esa razón suprema se convierte en una razón ínsita en la naturaleza humana perfeccionada en la mente del hombre. Sostiene Cicerón: "Esa misma razón, cuando se ha fortalecido y perfeccionado en la mente humana, es ley" (Cicerón, 2016, pág. 9), que luego, se supone, se expresa en las normas escritas que rigen a los individuos en el Estado.

Esta ley suprema, además, tiene una particularidad: la de ser igual en todos los tiempos, de ser superior y de ser anterior a todas las leyes positivas y de la formación de cualquier comunidad política o Estado, por ello, es ella, el principio y la fuente de todo derecho. Como lo sostiene el propio Cicerón:

> "Pero el principio de la constitución del derecho tomémoslo de aquella ley suma que, común a todos los siglos, nació antes de que ninguna ley fuera escrita o de que fuera constituida absolutamente ninguna ciudad" (Cicerón, 2016, pág. 10)

Finalmente, piensa Cicerón, si se acepta la idea de que el derecho nace de las convenciones y el acuerdo de los hombres, no existiría posibilidad de distinguir entre las leyes justas de la injustas, puesto que habría que considerar: "que es justo todo lo que se ha decretado en las instituciones o leyes de los pueblos" (Cicerón, 2016, pág. 20), incluso, aquellas leyes hechas por un tirano. Si la ley positiva tiene el poder de hacer de lo malo algo bueno y de lo injusto algo justo, bastaría que la mayoría, mediante sufragio, apruebe leyes que permitan acciones que por sentido común o naturaleza no son justas como robar o matar (Cicerón, 2016, pág. 21). Para poder diferenciar lo justo de lo injusto es necesario apelar, según él, a la recta razón, a la naturaleza de las cosas, que es tan bien su virtud (Cicerón, 2016, pág. 22). En palabras de Cicerón:

"Hay, en efecto, un derecho único por el cual está ligada la sociedad a los hombres, y al cual lo constituye una sola ley, la cual ley es la recta razón de mandar y prohibir. El que la ignora, esté escrita en algún lugar o en ninguno, es injusto" (Cicerón, 2016, págs. 20-21) [...] "Veo, pues, que es el sentir de los más sabios es éste: que la ley no fue ideada por el ingenio de los hombres ni es una decisión de los pueblos, sino algo eterno que rige al mundo entero con la sabiduría de mandar y prohibir. Así, decían que la ley principal y última es la mente del dios que o todo lo mando o lo prohíbe con la razón." (Cicerón, 2016, pág. 36)

4. La idea de un derecho natural superior y universal

De lo anterior, se puede colegir, que son los estoicos quienes formulan, de manera sistemática, la tesis de un derecho natural superior, que en este caso se fundamenta en la idea de lo justo por naturaleza (que no estaba claro en Aristóteles ni en Platón), justificando la existencia de un derecho universal y superior a las leyes convencionales y humanas.

El estoicismo es el sistema filosófico que integra y sintetiza, de manera coherente, las ideas precedentes sobre un derecho justo por naturaleza, por lo siguiente: en primer lugar, porque concibe la ley natural como una ley universal y superior a las leyes humanas que es querida por la divinidad (tesis teológica), en segundo lugar, porque se trata de una ley natural en el sentido de físicamente necesaria, inexorable y regular y, por tanto, no disponible ni modificable por la voluntad humanas (tesis naturalista) y, en tercer lugar, porque es una ley natural racional, común a todos los hombres, debido a que es dictada por la razón, con lo que divinidad, naturaleza y razón vienen a coincidir (Fasso, 1982, pág. 78). En el pensamiento estoico se encuentran dos rasgos importantes que estarán presentes en el pensamiento jurídico medieval: el carácter de universalidad y el carácter de superioridad de la ley natural (Ruiz, 2002, pág.50).

5. El derecho natural en la jurisprudencia romana

La idea acerca de la existencia de un derecho superior, en el mundo jurídico romano, se conoce a través del *Corpus iuris civile*, especialmente del *Digesto*, en el que entre otros Ulpiano alude a la de ley natural y de derecho natural de manera no sistemática y, a veces, contradictoria, dado que, en ocasiones, la identifica con la naturaleza física, animal e instintiva y, por momentos, con el derecho a ser iguales, lo que lo lleva sostener que la esclavitud no se deriva del ius *naturale* sino del ius gentium (Fasso, 1982, págs. 106-7). En otro libro del *Corpus iuris civile*, las *Instituciones*, se afirma que la prisión y la esclavitud que en un principio no existían y que son contrarias al *ius naturale* son el resultado de la guerra y del *ius gentium*.

En general el pensamiento romano distinguió el *ius naturale*, que como ya se dijo la identifican con la naturaleza biológica y determinista, el ius *civile*, que es el derecho propio de cualquier Estado (Gayo) y el *ius gentium*, que es una especie de derecho común a todos los pueblos que la recta razón a establecido en todos los hombres (Fasso, 1982, pág. 107).

Es evidente que el jurista romano está influenciado por la doctrina estoica sobre un superior derivado de la recta razón, sin embargo, usa esos argumentos de manera ambigua en relación al derecho positivo y el derecho de gentes (Fasso, 1982, pág. 100). Este último, realmente, es derecho positivo aplicable a las relaciones que se suscitaban entre extranjeros, pero, sin embargo, es dictado por la recta razón (naturaleza o divinidad en la versión estoica) no por el Estado, es decir, derecho natural universal y superior (Fasso, 1982, pág. 108).

5. DERECHO NATURAL TEOLÓGICO

Dos situaciones son importantes a considerar en este pensamiento. La primera de ellas es que, contrario a lo que sucedía en el pensamiento griego, en el mundo medieval se consolida la idea de un derecho natural como un derecho superior frente al positivo y con fuerza vinculante sobre éste. La segunda es que, en este período, ya se ha llevado a cabo la cristianización de la cultura y del pensamiento de Occidente. No obstante, esa cristianización será interpretada de diferente manera por los diferentes autores que dominan el escenario intelectual.

1. Ley y justicia en el hebraísmo y el cristianismo

El pensamiento hebreo y su religión se fundamentan en la idea de que entre Dios y su pueblo existe un pacto que les impone el deber a obedecer la ley hebrea, que es la forma a través de la cual Dios y su voluntad se revelan; a cambio, el pueblo recibirá prosperidad, protección y salvación, por ello, la observancia de la ley es la verdadera virtud (Fasso, 1982, pág. 111). En esto último, la tesis judaica sobre la virtud y la aristotélica coinciden, indubitablemente, con los matices obvios.

Como se infiere de lo anterior, en la ética hebrea no hay campo para una concepción racional sino voluntarista de la ley y de los deberes, en ese sentido, la validez y el cumplimiento de la ley no se desprenden de que sea el resultado de un legislador racional temporal o del Estado; su fundamento se halla en que ha sido ordenada por la voluntad de Yahvé que es, además, un dios personal y no un logos o un principio metafísico. Quizás por ello, la ley hebrea no tiene el carácter universal, no es aplicable a todo el género humano sino únicamente al pueblo de Yahvé (Fasso, 1982, pág. 112).

Este carácter voluntarista del hebraísmo, estará presente tanto en el período de los profetas, en el que la idea de justicia y de virtud

58

(como cumplimiento de la ley) tiene un sentido relacional y social, orientada a la búsqueda de la perfección, protección y salvación del pueblo de dios; como en el período judaico (caracterizado por la idea de un futuro salvador), en el que se concibe la ley como un instrumento establecido por Yahvé para la perfección y la salvación personal. En cualquiera de los dos casos excluirá cualquier idea de derecho natural (Fasso, 1982, pág. 113).

Por su parte, en el cristianismo, la figura emblemática de Pablo de Tarso o San Pablo se opuso, por una parte, al legalismo judaico, pues, la salvación no sobreviene como consecuencia del cumplimiento de la ley sino a causa de la fe en Jesucristo (Fasso, 1982, pág. 123) y, por otra, a la idea de derivar derecho alguno de la naturaleza, debido a que esta última era sinónimo de la "carne" el "mundo" y del pecado que, precisamente, Cristo había venido a redimir; en el anterior sentido, la naturaleza se opone a la gracia, de allí se derivaba, además, la contraposición entre fe y razón, pues esta última se asociaba a la naturaleza humana y a lo terrero, mientras que la primera a la gracia, lo sobrenatural y lo divino. Lo anterior explica por qué la idea de una ley natural racional no es posible en la teología de Pablo (Fasso, 1982, pág. 132).

El cristianismo primitivo mantuvo esa actitud desinteresadas ante el derecho, dado que su interés no se hallaba en la en la vida terrena sino en la vida eterna, ni se sentían ciudadanos de este mundo sino del cielo (Fasso, 1982, pág. 124). Fue la misma dinámica social la que permitió fue permitiendo que la doctrina cristiana permeara la comunidad histórica, lo que impuso la necesidad de establecer un derecho particular que regulara la vida y la coexistencia en comunidad (como aparece en los hechos de los apóstoles y la carta a los corintios) y la forma como debía organizarse la naciente iglesia (Fasso, 1982, pág. 125), lo anterior trajo como consecuencia, la exigencia de elaborar una teoría sobre ese derecho, articulado a una filosofía cristiana, cada vez más, penetrada por el pensamiento greco-romano, especialmente, por la filosofía platónica y estoica (Fasso, 1982, págs. 129-30).

2. La patrística y la ley de la naturaleza

El primer período de la filosofía cristiana denominado patrística, va desde el siglo II al VIII, aproximadamente, y en él hay que distinguir dos vertientes o posiciones que coexistieron: una griega, de corte racionalista e intelectualista, y una latina, de corte voluntarista, en la que la fe y la gracia priman sobre la razón. Ambas, sin embargo, admitieron la existencia de una ley superior y racional natural.

La primera, influenciada por la tradición hebrea y la filosofía griega defendió la existencia de una ley superior que debía servir de modelo a las leyes positivas humanas. La mayoría de los autores cristianos del siglo II y III, que comulgaron con esta posición (San Justino, Atenágoras, Clemente de Alejandría y Orígenes), sostuvieron la tesis de una ley natural y racional inscrita en la mente humana, una ley eterna y universal a la que está vinculado el género humano y a la que deben someterse las leyes del Estado, que pueden ser desobedecidas o incumplidas sino son coherente o no están de acuerdo con la ley de Dios. La segunda, a pesar de no estar muy inclinada a la reflexión filosófica ni al racionalismo, en relación al tema de la ley, igualmente identificó la ley de la naturaleza con la ley de Dios. (Fasso, 1982, pág. 134).

3. Concepción del derecho natural en San Agustín

En un principio, antes del año 411 d. c., el pensamiento de San Agustín, influenciado por el racionalismo, fue partidario de un derecho que es producto de la naturaleza; de esa época es su tesis sobre el derecho injusto, según la cual "no parece que sea ley la que no es justa". Según él, la ley positiva, histórica y temporal, no es ley sino está de acuerdo con la ley eterna que se identifica con la "razón suprema".

En esta época su pensamiento se identifica totalmente con la idea estoica de una ley natural, defendiendo una postura intelectualista y excluyendo cualquier postura voluntarista (Fasso, 1982, pág. 139). Con fundamento en ello distinguió entre la ley eterna, la ley natural y la ley positiva, que en realidad no eran tres sino de una sola que se despliega en tres momentos y objetos diferentes.

La ley eterna es la razón ordenadora del Cosmos al cual pertenece el mundo humano; por tanto, la ley natural es la misma ley eterna en cuanto participa de ella y la ley eterna es la misma ley natural en tanto se aplica al ámbito de lo humano. Por su parte, la ley positiva, producto de la razón humana, debe concordar con las dos anteriores en la solución más concreta de los problemas de cada sociedad atendiendo a sus particularidades (Robles, 1993, pág. 58). Como se dijo, esta última para ser justa y legítima debe estar ajustada a la ley eterna (Riddall, 2000, pág. 93), de allí su lapidaria frase de que no es ley la que no es justa (Garzón Valdés, 1998).

Después del año 411 d. c., el pensamiento agustiniano se vuelve voluntarista, luego de la disputa con Pelagio, quien defendía la bondad de la naturaleza humana y la existencia de una razón humana no corrompida por el pecado, por lo que afirmaba que el hombre podía actuar bien y lograr la salvación sin el concurso divino. La herejía pelagiana erige a la naturaleza y la razón humana como fuente de la ley y el derecho, pues si el hombre posee por naturaleza la capacidad de obrar bien y puede conocer ese bien o esa virtud a través de la razón, Dios se vuelve irrelevante. En contra de esta doctrina, San Agustín sostiene que la justicia es la querida por Dios, la fuente de las obligaciones no puede ser la naturaleza-razón común a todos los hombres o una ley natural concebida de la manera que lo hizo el estoicismo, sino la fe y la gracia (Fasso, 1982, pág. 141).

Considera que la corrupción de la naturaleza humana, a causa del pecado original, conduce a la degeneración de la razón humana, impidiéndole distinguir entre la justicia de la injusticia o la verdad del error (Betegón, 1997, pág. 44); por tanto, el único conocimiento posible es el que se da por la revelación, que no es otro que el pensamiento de Dios transmitido a los hombres. En la práctica esta tesis subordina la razón humana a la revelación (Robles, 1993, pág. 57) y a la autoridad de quien posee esa revelación.

El voluntarismo sostiene que las cosas no son buenas porque la razón las reconozca, sino que son buenas porque Dios las manda (Betegón, 1997, pág. 46), de lo que se infiere que la ley y el derecho no son atribuibles a Dios porque sean justos conforme al juicio de la razón, sino que son justas porque provienen de Dios, con independencia que la razón las juzgue justas o no. Esta desconfianza frente a la razón humana para conocer la justicia es endosada al mundo del derecho, de allí que se considere que la única manera de conocer el derecho es a través de la revelación y el argumento principal será el argumento de autoridad.

4. El derecho natural en el pensamiento escolástico

El contexto intelectual del pensamiento filosófico y teológico, posterior al siglo IX d. c., se suele denominar escolástica; por esta época, los estudios y el conocimiento académico se agrupaban en dos grandes campos: el trívium (gramática, dialéctica y retórica) y cuadrívium (aritmética, geometría, astronomía y música). De estos estudios, los relativos a la dialéctica y retórica apelaron, frecuentemente, a las obras de Cicerón sobre lógica jurídica y, en general, consideraron que el modelo de las controversias y razonamientos originado en el ámbito judicial, como método idóneo para resolver y discutir todo tipo de problemas, aun cuando estos no estuvieran relacionados con cuestiones jurídicas (Fasso, 1982, págs. 169-70).

De otro lado, a pesar de la marcada tendencia voluntarista que persistió en la escolástica, la tendencia racionalista e intelectualista (greco-latina) estuvo siempre presente en muchos pensadores, como fue el caso de Pedro Abelardo en el siglo XII, quien interesa a la filosofía del derecho, pues es el primero que usa con precisión el nombre de derecho positivo y derecho natural, identificando, la primera, con el derecho histórico creado por el hombre y, el segundo, con un derecho racional presente en una naturaleza humana que es común a todos (Fasso, 1982, pág. 172).

Debe advertirse, sin embargo, que esta no fue un idea dominante u homogénea en todos los teólogos y filósofos, pues en realidad, las ideas sobre el derecho natural, la ley natural o la naturaleza, en los diversos autores, fueron contradictoria: algunas veces se identificó el derecho natural con la voluntad divina, otra con los instintos naturales, otras como justicia cósmica universal, finalmente, con la norma dictada por la razón, que es la tesis que al final se impone a través de Santo Tomas y de su maestro San Alberto Magno (Fasso, 1982, pág. 174)

Este último identifica la naturaleza con la razón, afirma que esta es el fundamento de las acciones humanas, que el derecho natural es el derecho de la razón y que la justicia natural, a la que se refiere Aristóteles, es la del hombre en cuanto ser racional. No puede, según él, identificarse la justicia natural con una justicia cósmica, ni con la concepción de la naturaleza del jurista Ulpiano quien la concibió como instinto común a todos los animales (Fasso, 1982, pág. 177).

4. El derecho natural en Santo Tomás

Santo Tomás es abiertamente intelectualista y racionalista. Contrario al pesimismo antropológico propuesto por san Agustín y el voluntarismo, sostiene que, si bien el pecado original ha introducido la corrupción en el mundo, no lo ha hecho hasta tal punto que invalide las posibilidades de la razón humana, de suerte que la fe y la razón, la revelación y la inteligencia se complementan en el conocimiento de los principios esenciales (Betegón, 1997, pág. 47). Con Santo Tomás desaparece la oposición entre fe y conocimiento racional, entre gracia y naturaleza que era propia del cristianismo primitivo y del voluntarismo, la gracia y la fe perfeccionan la naturaleza y la razón, por tanto, a las virtudes teologales se le suman las virtudes aristotélicas (Fasso, 1982, pág. 180).

Además de lo anterior, su pensamiento está influenciado por la concepción finalista de todo el universo (Aristóteles) y la idea de orden cósmico racional (estoicismo). Sostiene, a diferencia del voluntarismo, que Dios le dio la capacidad al hombre para conocer tres tipos de verdades: las verdades divinas, que pueden conocerse a través de la revelación, las verdades necesarias, que se pueden descubrir mediante la razón especulativa, y las verdades sobre lo que debe o no hacerse (acciones humanas), que pueden ser descubiertas mediante la razón práctica (Riddall, 2000, pág. 94-5). Este marcado racionalismo tomasino es el que se revela en su concepción de la ética, de las leyes y del Estado, que, a diferencia de lo pensado por San Agustín, no es visto como el lugar de la maldad o del demonio, o como una gran empresa criminal, sino como un espacio que, aunque inferior a la iglesia, cumple con una razón de ser dentro del plan divino (Fasso, 1982, pág. 180).

La concepción de Santo Tomás respecto de la ley es que se trata de una razón, de una medida o regla mediante la cual el individuo en incitado para que actúe o se abstenga de hacerlo en algún sentido. La ley es algo que pertenece a la razón debido a que ésta última, en tanto razón práctica, permite ordenar las acciones en torno a un fin y orienta el dictamen del soberano que gobierna la comunidad en el bien común (De Aquino, 1956, pág. 42). Esta idea de la ley se aplica a todas las formas en que esta se manifiesta: como ley divina, eterna, natural o humana y se caracteriza porque tiene un contenido racional, persigue el bien común y es dictada por quien tiene a cargo la comunidad.

Una primera especificación de la ley general es la *ley eterna*, que puede verse como el primer escalón del orden racional, la cual, en cuanto ley, cumple con todas las especificaciones anteriores. Es emitida por quien es competente para ello: Dios, que es la razón divina que ordena todas las cosas en el universo y dirige todos los actos y movimientos de las criaturas, y quien le asigna un contenido racional y un fin, que es el bien común. La ley eterna, por tanto, es la misma razón de Dios y, al mismo tiempo, el plan racional por medio del cual la divinidad rige el universo de manera metódica y gradual. El mundo animado e inanimado aparece, de esta manera, como una empresa gobernada por una razón absoluta, por leyes universales que establecen fines racionales, de los cuales libremente participan los seres humanos (Ruiz, 2002, pág. 112).

En el plano de la creación, la ley eterna se manifiesta de diversas maneras teniendo en cuenta las diversas realidades. Así, por ejemplo, en el plano de la materia inerte, se expresa a través de las leyes naturales o leyes físicas, que se caracterizan porque son regulares, inexorables y necesarias. Afirma Tomás de Aquino:

> "Pero es manifiesto [...] que todo el conjunto del universo está sometido al gobierno de la razón divina. Por consiguiente, esa razón del gobierno de todas las cosas [ratio gubernationis rerum], existente en Dios en cuanto supremo monarca del

universo, tiene carácter de ley. Y como la razón divina no concibe nada en el tiempo, sino que su concepción es eterna, por fuerza la ley de que tratamos debe llamarse eterna." (De Aquino, 1956, pág. 52) […] "Pues bien: Dios, por su sabiduría, es autor de todas las cosas; a ellas se compara como un artífice a sus artefactos. Por lo tanto, la razón de la divina sabiduría […] en cuanto mueve todas las cosas hacia su debido fin, tiene carácter de ley." (De Aquino, 1956, pág. 90)

En el ámbito biológico o fisiológico, la ley eterna se manifiesta de una manera totalmente diferente, como ley del instinto (lex formitis) o leyes biológicas, en este caso, las plantas y los animales siguen le plan racional cuando se auto-conservan, se alimentan y se reproducen. Dice Tomás de Aquino:

"Así pues, la misma inclinación de la sensualidad —que es lo que llamamos fomes— tiene ciertamente en los demás animales [distintos del hombre] razón de ley, en el sentido en que puede llamarse ley a la inclinación que sienten los animales. Pero, en el hombre, esta inclinación no tiene carácter de ley; al contrario, es una desviación de la ley de la razón." (De Aquino, 1956, pág. 65)

El hombre participa de las anteriores legalidades o condicionamiento la físico-química y la biológica, pero además de la legalidad moral. Las dos primeras tienen que ver con sus inclinaciones y necesidades, la última con la razón práctica y la capacidad de decidir sobre lo correcto y lo incorrecto.

Tomás de Aquino distingue además la ley natural, la ley divina y la ley humana. Entre la ley eterna y la ley natural hay una unidad originaria debido a que forman parte del mismo designio eterno y divino, ella, la ley natural, surge de la participación de la criatura racional en la ley eterna (Bobbio, 1993, pág. 39). Señala Tomás de Aquino:

"...es manifiesto que todas las cosas participan de la ley eterna de alguna manera, a saber: en cuanto que por la impresión de esa ley tienen tendencia a sus propios actos y fines. La criatura racional, entre todas las demás, está sometida a la divina Providencia de una manera especial, ya que se hace partícipe de esa Providencia [...]. Participa, pues, [el hombre] de la razón eterna: ésta le inclina naturalmente a la acción y al fin debidos. Y semejante participación de la ley eterna en la criatura racional se llama ley natural." (De Aquino, 1956, pág. 54) [...] "También los animales irracionales participan a su modo de la razón eterna [...]. Pero la criatura racional participa intelectual y racionalmente de ella; por eso la participación de la ley eterna en la criatura racional se llama con propiedad ley, pues ley, como hemos dicho ya, es algo propio de la razón." (De Aquino, 1956, pág. 55)

El hombre, a diferencia de los animales no racionales y las cosas inanimadas goza de libertad y razón, en este caso, la manifestación de la ley eterna se da de una manera diferente en él, no como ley física o biológica solamente, sino como ley natural, esto es, como ley moral, que, a diferencia de las dos anteriores, puede ser desobedecida.

En la concepción del derecho de Tomás de Aquino, la ley natural en tanto ley física, no determina a la ley natural en tanto ley moral, a pesar de ser ambas manifestaciones de la ley eterna. No obstante, esa primera ley natural o moral cumple con finalidades, se encuentra atada a una teleología, mueve al hombre a buscar el bien y a evitar el mal, pues lo bueno se identifican con aquellas acciones que procuran la realización de la naturaleza humana. Prescribe Tomás de Aquino:

"Éste será el primer precepto de la ley [natural]: se debe obrar y proseguir el bien, y evitar el mal. Todos los demás preceptos de la ley natural se fundan en éste [...]. Y, puesto que el bien tiene naturaleza de fin y el mal de lo contrario, todas las cosas hacia las que el hombre siente inclinación natural son aprehendidas naturalmente por la inteligencia como buenas [...], y sus contrarias, como malas y vitandas." (De Aquino, 1956, pág. 129)

De otro lado, San Tomás, relaciona las tendencias instintivas de la naturaleza humana con el contenido de la ley natural, para tal efecto, distingue, en primer lugar, aquellas tendencias relativas a la auto-conservación individual, de las cuales se derivan leyes naturales como la prohibición del suicidio y el homicidio, en segundo lugar, aquellas tendencias que buscan la perpetuación de la especie como la procreación y la sexualidad, de las cuales se derivan leyes naturales relativos al matrimonio y la filiación, en tercer lugar, las inclinación a descubrir las verdades divinas y a vivir en sociedad, de las cuales se derivan reglas relativas a la educación, el aseguramiento de la vida y los derechos básicos. De todas estas inclinaciones sólo las últimas son exclusiva de los individuos. Afirma Tomás de Aquino:

> "Por tanto, el orden de los preceptos de la ley natural es paralelo al orden de las inclinaciones naturales. En efecto, el hombre, en primer lugar, siente una inclinación hacia [...] el bien de su naturaleza (la supervivencia); esa inclinación es común a todos los seres, pues todos los seres apetecen su conservación conforme a su propia naturaleza. Por razón de esta tendencia pertenecen a la ley natural todos los preceptos que contribuyen a conservar la vida del hombre y a evitar las amenazas a ella. En segundo lugar, hay en el hombre una inclinación hacia los bienes más particulares, conformes a la naturaleza que él tiene en común con los demás animales. Y en virtud de esta

inclinación decimos que pertenecen a la ley natural aquellas cosas que la naturaleza ha enseñado a todos los animales, tales como la unión del macho y la hembra, el cuidado de los hijos, etc. Finalmente, hay en el hombre una inclinación al bien correspondiente a su naturaleza racional, inclinación que es específicamente suya: y así, el hombre tiene tendencia natural a conocer las verdades divinas y a vivir en sociedad. Desde este punto de vista, pertenece a la ley natural todo lo que se refiere a esta inclinación, v. gr., desterrar la ignorancia, evitar las ofensas a aquellos entre los cuales uno tiene que vivir, y otros semejantes." (De Aquino, 1956, págs. 129-30)

Finalmente, la ley natural, en cuanto se refiere a los "primeros principios comunes" se caracteriza por que tiene el mismo valor en todo tiempo y espacio (universalidad), "es la misma para todos los hombres" (De Aquino, 1956, pág. 135), no puede ser modificada por la voluntad de los hombres (inmutable) ni puede ser borrada de su mente (indeleble) (De Aquino, 1956, pág. 140).

Ahora bien, la ley natural por ser muy general necesita de la ley humana o positiva, que es derivada por el legislador o las prácticas sociales que se convierten en costumbres, de la misma manera que la ley natural se deriva de la ley eterna (Bobbio, 1993, pág. 39). La ley humana permite, a través del ejercicio de la razón práctica, concretar y especificar la ley natural en la historicidad de una comunidad política. Sostiene Tomás de Aquino:

"...es necesario que la razón práctica llegue a obtener soluciones más concretas partiendo de los preceptos de la ley natural como de principios generales [...]. Estas disposiciones particulares de la razón práctica reciben el nombre de leyes humanas cuando cumplen todas las demás condiciones que pertenecen a la naturaleza de la ley..." (De Aquino, 1956, págs. 56-7)

Un argumento adicional acerca de la necesidad de las leyes positivas en la comunidad política, tiene que ver con que la ley natural, al no ser coactiva, no tiene el poder vinculante suficiente para obligar a los individuos a su cumplimiento, se requiere de una norma, como la ley positiva, que pueda constreñir a los individuos a cumplir con la finalidad racional y la búsqueda del bien común perseguido por ley eterna y la ley natural, de lo que se sigue la ley humana e histórica se convierte en una necesidad o exigencia de la razón práctica, pues si bien la instrucción y los concejos morales a temprana edad puede persuadir a muchos de buscar el bien y cumplirla, existe también aquellos propensos al vició, que requieren de ser obligado coactivamente a cumplir.

"El hombre tiene por naturaleza cierta disposición para la virtud [...] Para aquellos jóvenes que, por una disposición natural, por la costumbre, o más aún, por un don divino, están inclinados a la virtud, es suficiente la disciplina paterna, que se basa en los consejos. Pero hay algunos protervos, propensos al vicio, que no se conmueven fácilmente con palabras: a ésos es necesario apartarlos del mal mediante la fuerza o el temor; así, desistiendo de hacer el mal, dejarán tranquila la vida de los demás; y, finalmente, ellos mismos, por la costumbre, vendrán a hacer voluntariamente lo que en un principio hacían por miedo, y llegarán a ser virtuosos. Y esta disciplina que obliga mediante el temor al castigo es la disciplina de las leyes." (De Aquino, 1956, pág. 165)

Un argumento final es que la ley positiva se justifica, para Santo Tomás, porque ellas permiten una justicia ponderada y razonada, evitando el arbitrio y la discrecionalidad de los jueces, por ello, sugiere que las leyes promulgadas por los legisladores prevean al máximo y con anticipación las situaciones y en detalle.

«Como dice el Filósofo 'mejor es que todas las cosas estén reguladas por la ley que dejarlas al arbitrio de los jueces'. En primer lugar, porque es más fácil encontrar unos pocos sabios que basten para instituir leyes justas, que los muchos se requerirían para juzgar rectamente en cada caso particular. En segundo lugar, porque los legisladores consideran durante mucho tiempo lo que ha de imponer la ley, mientras que los juicios de los hechos particulares se formulan en casos que ocurren súbitamente; y el hombre puede ver más fácilmente lo que es recto después de considerar muchos casos que sólo tras el estudio de uno. Y, por último, porque los legisladores juzgan en universal y sobre hechos futuros, mientras que los jueces juzgan de asuntos presentes, asuntos en los que están afectados por el amor, el odio o cualquier otra pasión; y así se pervierten los juicios. Por tanto, [...] se impone la necesidad, siempre que sea posible, de instituir una ley que determine cómo se ha de juzgar, y de dejar poquísimos asuntos a la decisión de los hombres.» (De Aquino, 1956, págs. 195-6)

La ley divina no debe confundirse con la ley eterna, ella ha sido promulgada por Dios, se orienta al fin de la felicidad eterna y se conoce mediante la revelación (Betegón, 1997, pág. 48). La ley divina es una ley positiva igual que la ley humana. Ambas son normas promulgadas. La primera, por Dios, la segunda, por los hombres o la costumbre (Ruiz, 2002, pág. 116). Cuando la ley humana viola la ley natural se está en presencia de una ley corrompida o corrupta (Garzón Valdés, 1998, pág. 21). Sostiene Tomás de Aquino:

"La ley humana tiene razón de ley sólo en cuanto se ajusta a la recta razón. Y, así considerada, es manifiesto que procede de la ley eterna. Pero, en cuanto se aparta de la recta razón, es una ley inicua; y así no tiene carácter de ley, sino más bien de violencia" (De Aquino, 1956, págs. 95-6) [...] "Como dice San Agustín, 'la ley que no es justa no parece que sea ley'. Por tanto, la fuerza de la ley depende del nivel de su justicia. [...] Por consiguiente, toda ley humana tendrá carácter de ley en la medida en que se derive de la ley de la naturaleza. Y si se aparta en un punto de la ley natural, ya no será ley, sino corrupción de la ley" (De Aquino, 1956, págs. 167-8)

Las leyes positivas cuando son justas tienen el poder de obligar a los ciudadanos y lo son en relación a la materia: cuando se orientan al bien común, en relación a su autor: cuando el legislador no excede sus potestades y en relación a su forma: cuando imponen cargas a los súbditos con igualdad de proporcionalidad (De Aquino, 1956, pág. 184), pero también pueden ser injustas de dos maneras (Riddall, 2000, pág. 96), En primer lugar, porque son contrarias al bien del hombre o se oponen al fin natural de las cosas; estas leyes, a pesar de su injusticia, deben ser obedecidas por razones prudenciales, como sería para evitar el escándalo y el desorden. En segundo lugar, las leyes pueden ser injustas porque se oponen a la ley divina, en este caso de ningún modo pueden observarse (Betegón, 1997, pág. 48). Determina Tomás de Aquino:

"Las leyes injustas pueden serlo por dos razones. Primera, porque, contrariamente a las anteriores, se oponen al bien humano; o por razón de su fin, v. gr., cuando un soberano impone leyes onerosas a sus súbditos mirando a la gloria y los intereses propios más que a la utilidad común; o por razón de su autor, cuando un hombre dicta leyes que traspasan la potestad que le ha sido otorgada. O también por razón de la forma: por ejemplo, cuando se reparten las cargas entre la comunidad de una forma muy desigual. Tales leyes son más bien violencias [...]. Por eso, tales leyes no obligan en el foro de la conciencia, si no es para evitar el escándalo y el desorden. [...] Segunda, por ser opuestas al bien divino: por ejemplo, las leyes de los tiranos que obligan a la idolatría o a cualquier cosa contraria a la ley divina. Nunca es lícito observar estas leyes, porque 'es necesario obedecer a Dios antes que a los hombres'." (De Aquino, 1956, pág. 185)

Un elemento a considerar es la idea de "derecho" de Tomas de Aquino, que es mucho más restrictiva que su noción de ley, con la cual se relaciona, pero no se equipara, dado que, esta última incorpora no solamente al derecho sino, también, a las leyes naturales del mundo natural no humano, como ya se vio. Pero, por otra parte, el derecho, en cuanto ius, también se identifica con la justicia como virtud: sea que se tome como una virtud social y política, que establece formas de comportamiento obligatorios respecto de los demás, o que se tome como una virtud ligada a la igualdad y, por tanto, a la justicia distributiva y conmutativa (Ruiz, 2002, págs. 118-9)

CONSIDERACIONES FINALES

Algunas reflexiones que pueden extraerse que pueden extraerse este breve recuento histórico y filosófico del pensamiento desarrollado en la antigüedad greco-romano y medieval, pueden ser los siguiente:

1. Multiplicidad de teorías sobre el derecho natural

Como se observó, existen muchas teorías y concepciones sobre el derecho natural, algunas consideran que el derecho natural se deriva de la naturaleza biológica, animal y determinista de la condición humana, otros consideran que este se identifica con lo que hay de común entre los seres humanos o los que los hace igual, otros que en un derecho común a las tradiciones y valores de todos los pueblos, otros que es producto de una recta razón o razón universal, la cual se identifica con la divinidad o la naturaleza y constituye un derecho superior y universal. Todo depende de la concepción que se tenga de la naturaleza: como ley física, como ley biológica, como ley divina o como una ley moral o como ley racional. Sólo esta última consideración, la de la naturaleza como sinónimo de racionalidad, justifica una autentica teoría del derecho natural en perspectiva humana.

2. La idea de un derecho superior y universal

En estricto sentido, la idea de un derecho natural, superior e inmutable al cual debe subordinarse el derecho positivo surge realmente con la teoría del derecho natural estoico y teológico. Estas teorías se caracterizan porque afirman que el derecho tiene una manifestación dual (Betegón, 1997, pág. 34), esto es, tiene dos dimensiones o incorpora dos tipos de derechos: el derecho natural, derecho superior, universal, justo e invariable, que no depende de la voluntad de los hombres (Asamblea de hombres, Estado o legislador político y mudable) ni de las contingencias históricas, y constituye el derecho verdadero y, por otra, el derecho positivo o convencional, que surge de la voluntad humana e histórica de los individuos concretos, es mudable y contingente. Estas teorías no niegan la existencia del derecho positivo, sino que éste no es el verdadero derecho sino una especie de copia del verdadero derecho, que es el derecho natural, en ese sentido, el derecho natural constituye la esencia, El "ser" y, por tanto, lo que debe ser, el contenido de cualquier derecho positivo.

3. La idea de un derecho natural racional

No obstante, lo que se dijo en el apartado anterior, la idea de que existe un derecho racional o una ley natural racional surge con el pensamiento griego presocrático y pervive a través de todas las teorías hasta Santo Tomás. Con la excepción del voluntarismo Hebraico y cristiano, puede leerse entre líneas como el racionalismo griego, la idea de que la physis, de que la naturaleza está subordinada a un logos, a un orden o razón que la guía el hombre lo define su estar o su propósito está presente en todas las concepciones sobre el derecho, incluso, en la concepción platónica y agustiniana.

BIBLIOGRAFÍA

1. Abbagnano, N. (1994). Historia de la filosofía Vol. 1. Barcelona: Hora S.A.
2. Adomeit, K. y. (1999). Filosofía del derecho y del estado. De Sócrates a Séneca. Editorial Trotta, Madrid, 1999. Madrid: Trotta.
3. Aristóteles. (1989). La política. Bogotá: Instituto Caro y Cuervo.
4. Aristóteles. (2005). Ética a Nicómaco. Madrid: Alianza editorial.
5. Berruecos, B. (2018). poesía Arcaica griega Tomo I. México: Universidad Nacional Autónoma de México.
6. Betegón, J. y. (1997). Lecciones de teoría del derecho. Madrid: McGraw-Hill.
7. Cicerón, M. T. (2016). De las leyes. México D. F.: Universidad Nacional Autónoma de México.
8. Contreras, F. J. (2014). La filosofía del derecho en la historia. Madrid: Tecnos.

9.   Copleston, F. (2000). Historia de la filosofía. Barcelona: Ariel Filosofía.

10. De Aquino, T. (1956). Suma teológica Vol. VI. Madrid: Biblioteca de Autores Cristianos.

11. Descartes, R. (2010). El discurso del método. Madrid: Colección Austral-Espasa Calve.

12. Epicteto. (1993). Disertaciones por arriano. Madrid: Gredos.

13. Falcón y Tella, M. J. (2014). La justicia como mérito. Madrid: Marcial Pons.

14. Fasso, G. (1982). Historia de la filosofía del derecho 1. Madrid: Ediciones Pirámides.

15. Fernández, A. (2001). Filosofía del derecho. Fundamentos y proyecciones de la filosofía jurídica. México: Porrúa.

16. Friedrich, C. J. (1993). Filosofía del derecho. México: Fondo de Cultura Económica.

17. Gómez-Lobo, A. (2013). El bien y lo recto en Aristóteles. En C. García Gual, Historia de la filosofía antigua (págs. 249-268). Madrid: Trotta.

18. Hesíodo. (1975). Teogonía. Trabajo y días. Barcelona: Bruguera.

19. Ímaz, M. J. (2013). Sobre el estoicismo. Rasgos generales y figuras centrales. En c. García, Historia de la filosofía antigua (págs. 297-318). Madrid: Trotta.

20. Jaeger, W. (1994). Paideia. México: Fondo de Cultura Económica.
21. Kaufmann, A. (1994). "Panorámica histórica de los problemas de la filosofía del derecho", En, Pensamiento jurídico contemporáneo. Barcelona: Debate.
22. Marco Aurelio, A. (2005). Meditaciones. Madrid: Gredos.
23. Platón. (1871). obras completa tomo V. Madrid: Medina y Navarro, Editores.
24. Platón. (1872). Obras completas tomo VI. Madrid: Medina y Navarro Editores.
25. Platón. (1982). Diálogos Vol. II. Madrid: Gredos.
26. Riddall, J. G. (2000). Teoría del derecho. Barcelona: Gedisa.
27. Robles, G. (1993). Introducción a la Teoría del derecho. Madrid: Debate.
28. Rodríguez, F. (1980). Lírica griega Arcaica. Madrid: Editorial Gredos.
29. Ruiz, A. (2002). Una filosofía del derecho en modelos históricos. Madrid: Trotta.
30. Seneca. (1986). Epístolas morales a Lucilio. Madrid: Gredos.
31. Sófocles. (1981). Tragedias. Madrid: Gredos.